Werkstattunterricht

Unsere Umwelt

Bernd Jockweg
Illustrationen: Anne Wöstheinrich

SCHUBI

Kopierrecht

Das Werk und seine Teile sind urheberrechtlich geschützt.
Mit dem Kaufpreis ist das Kopierrecht für den persönlichen Unterrichtsgebrauch abgegolten.
Jede weitere Vervielfältigung ohne ausdrückliche Genehmigung des Verlages ist untersagt. Ohne solche Genehmigung dürfen weder das Werk noch seine Teile in ein Netzwerk gestellt werden. Dies gilt sowohl für das Internet wie auch für Intranets von Schulen oder sonstigen Bildungseinrichtungen.

Autor: Bernd Jockweg, Münster (D)

Beraterteam Deutschland:
Dagmar Rottig, Ulrike Tönnißen

Beraterteam Schweiz und Redaktion:
Cornelia Hausherr, Winterthur
Susan Edthofer, Engelburg
Ursula Gnädinger, Schaffhausen

Illustrationen: Anne Wöstheinrich, Münster (D)
Grafische Gestaltung: Albert Bartel, Münster (D)

© 2007 SCHUBI Lernmedien AG
CH-8207 Schaffhausen

service@schubi.com
www.schubi.com

1. Auflage 2007

ISBN 978-3-86723-018-6

No 114 32

Vorwort des Autors

Wie unterrichtet man in einer Klasse, in der Kinder lernen, die bei der Einschulung schon Entwicklungsunterschiede von bis zu drei Jahren aufweisen? Wie geht man mit einer Klasse um, in der neben Kindern, die schon lesend in die Schule kommen, Kinder sitzen, die in ihrem Leben noch nie Erfahrungen mit Schriftsprache gemacht haben, weil zu Hause niemand liest oder schreibt?

Zu diesen Fragen kam an unserer Schule die Einführung des jahrgangsübergreifenden Unterrichts. Dadurch erweiterte sich die Spanne von unterschiedlichen Lernerfahrungen noch ein wenig mehr. Gleichschrittige Unterrichtswerke, die von einem „Durchschnittskind" ausgehen, waren hier endgültig keine Lösung mehr.

Alternative Unterrichtsformen waren gefordert, aber es fehlten bisher gerade für den Anfangsunterricht praktikable Unterrichtsmaterialien, die auf die unterschiedlichen Lernerfahrungen der Kinder, aber auch der Lehrerinnen und Lehrer Rücksicht nehmen.

So ist ein Konzept entstanden, das sowohl in jahrgangsübergreifenden Eingangsklassen 1/2 als auch in Jahrgangsklassen (1. oder 2. Schuljahr) erfolgreich eingesetzt wurde. Als einen Baustein dieses Konzeptes halten Sie eine Werkstatt in den Händen, die so aufgebaut ist, dass sie Angebote bietet für eine ganze Bandbreite von Kindern in ihrem ersten und zweiten Lernjahr: ob die Kinder erst am Anfang ihres Lernprozesses stehen oder ob sie schon vielfältige Erfahrungen gemacht haben, möglicherweise schon lesen und schreiben können.

Ich wünsche Ihnen und Ihrer Klasse mit der vorliegenden Werkstatt viel Vergnügen.

PS: Aus Gründen der Lesbarkeit und um nicht überall „die Lehrerin/der Lehrer" schreiben zu müssen, wird im Text nur die weibliche Form verwendet in der Hoffnung, dass sich die männlichen Kollegen genauso angesprochen fühlen.

Inhalt

3 Vorwort
6 Themenübersicht aller Werkstätten

Lehrerkommentar

8 Grundsätzliches zum Werkstattunterricht
9 Organisatorische Hinweise zu dieser Werkstattreihe
10 Inhaltliche Hinweise zur Werkstatt „Unsere Umwelt"

Auftragsübersicht

14 Erläuterungen zu den Arbeitsaufträgen

Auftragskarten

20 Abfallwörter (1)
   Umwelt schonen – Abfall vermeiden (2)
   Abfall-Sortierspiel (3)
21 Flaschenkreislauf (4)
   Papier (5)
   Kompost (6)
22 Batterien entsorgen (7)
   Wohin mit dem Abfall? (8)
   Lesen, malen und schreiben (9)
23 Umwelt-Memospiel (10)
   Was sagst du dazu? (11)
24 Mein Umweltzeichen (12)
25 Rondell-Gedicht (13)
26 Umweltzahlen (14)
   Wörter wiederverwerten (15)
   Umweltgeschichten (16)
27 Umwelt gestalten (17)
   Ein Wort zu viel (18)
28 Faltheft: Ich bin ein Energiesparfuchs (19)
29 Umwelttest (20)

30 Leere Kopiervorlagen für eigene Auftragskarten (1/3 und 2/3 A4)
31 Leere Kopiervorlagen für eigene Auftragskarten (1/2 und 1/2 A4)
32 Leere Kopiervorlagen für eigene Auftragskarten (A4)

Arbeitsblätter

34	Abfallwörter (1)
35	Umwelt schonen – Abfall vermeiden (2)
36	Flaschenkreislauf (4)
37	Flaschenkreislauf: Textkarten zum Ausschneiden (4)
38	Papier (5)
39	Kompost (6)
40	Batterien entsorgen (7)
41	Lesen, malen und schreiben: einfache Variante (9)
42	Lesen, malen und schreiben: schwierigere Variante (9) – D
43	Lesen, malen und schreiben: schwierigere Variante (9) – CH
44	Was sagst du dazu? (11)
45	Mein Umweltzeichen (12)
46	Rondell-Gedicht (13)
47	Umweltzahlen (14)
48	Wörter wiederverwerten (15)
49	Umweltgeschichten: Vorlage (16)
50	Umwelt gestalten (17)
51	Umwelt gestalten: Bildvorlage „vorher" (17)
52	Umwelt gestalten: Bildvorlage „nachher" (17)
53	Ein Wort zu viel (18)
54	Faltheft: Ich bin ein Energiesparfuchs (19)
55	Umwelttest (20)

Kontrolle und Zusätze

58	Lehrerkontrolle
59	Werkstattpass
60	Schmuckblatt liniert
61	Schmuckblatt unliniert
62	Umwelt-Themenheft

Anhänge und Extras

64	Aktion „Saubere Umwelt" – D
65	Aktion „Saubere Umwelt" – CH
66	Abfall-Sortierspiel: Spielfeld (Auftragskarte 3) – D
67	Abfall-Sortierspiel: Spielfeld (Auftragskarte 3) – CH
68	Abfall-Sortierspiel: Spielkarten (Auftragskarte 3)
71	Umweltgeschichte 1 (Auftragskarte 16)
73	Umweltgeschichte 2 (Auftragskarte 16)
75	Umweltgeschichte 3 (Auftragskarte 16)
77	Umweltgeschichte 4 (Auftragskarte 16)
79	Lesekarten: einfache Variante (Auftragskarte 8)
81	Lesekarten: schwierigere Variante (Auftragskarte 8)
83	Umwelt-Memospiel (Auftragskarte 10)

Themenübersicht aller Werkstätten

Titel	Möglicher Zeitraum
In der Schule (No 114 20)	Schulanfang (August)
Ich und meine Familie (No 114 30)	Schulanfang (August)
Auf dem Bauernhof (No 114 21)	September/Oktober
Der Apfel (No 114 31)	September/Oktober
Im Herbst – Der Igel (No 114 22)	Oktober/November
Unsere Umwelt (No 114 32)	Oktober/November
Die Sterne (No 114 23)	Dezember
Weihnachten (No 114 33)	Dezember
Märchen (No 114 24)	Januar/Februar
Licht und Schatten (No 114 34)	Januar/Februar
Magnetismus (No 114 25)	Februar/März
Kunst – Niki de Saint Phalle (No 114 35)	Februar/März
Bauen und konstruieren (No 114 26)	März/April
Meine Sinne (No 114 36)	März/April
Im Frühling (No 114 27)	April/Mai
Gesunde Ernährung (No 114 37)	April/Mai
Rund ums Rad (No 114 28)	Mai/Juni
Computer und Co. (No 114 38)	Mai/Juni
Wasser (No 114 29)	Juni/Juli
Im Zoo (No 114 39)	Juni/Juli

Lehrerkommentar

Grundsätzliches zum Werkstattunterricht

Methodische Überlegungen

Das Konzept des Werkstattunterrichts ist keine neue Erfindung. Schon seit langem lernen Kinder erfolgreich mit dieser Unterrichtsform: Wie in einer „richtigen" Werkstatt arbeiten die Kinder an verschiedenen Aufgaben, aber an einem Thema. Dabei gibt es Aufträge, die von einzelnen Kindern bearbeitet werden und andere, die nur von Gruppen erfolgreich bewältigt werden können. Kinder übernehmen Verantwortung für bestimmte Bereiche, werden hier Experten und sind anderen behilflich. In anderen Bereichen nehmen sie die Hilfe von anderen Kindern an.

Rolle der Lehrerin

Die Rolle der Lehrerin ist im Werkstattunterricht eine gänzlich andere als beim traditionellen lehrerzentrierten Unterricht: Sie ist Beraterin, Organisatorin der Lernprozesse, unterstützt Kinder, die noch Schwierigkeiten haben, ihren eigenen Lernweg zu steuern.

Lernanfänger und Rechtschreibung

Für die Bearbeitung der Aufgaben durch die Lernanfänger ist das Konzept „Lesen durch Schreiben" von Dr. Jürgen Reichen sinnvoll: Die Kinder notieren ihre Ergebnisse zunächst lautgetreu und werden im Laufe ihrer Schreibentwicklung nach und nach ihre rechtschriftlichen Fähigkeiten erweitern. Daher können sowohl Lehrerinnen als auch Eltern natürlich von Erstklässlern noch nicht erwarten, dass ihre Arbeitsergebnisse rechtschriftlich der Dudennorm entsprechen. Dies ist besonders wichtig zu betonen, falls Arbeiten als Hausaufgaben bearbeitet werden.

Elternarbeit

Wenn jemand das erste Mal mit einer Werkstatt arbeitet, kann auch ein Elternabend zu diesem Thema wichtig sein. Es kann zum Beispiel eine vorbereitete Werkstatt präsentiert werden, damit die Eltern sich einen Überblick über die verschiedenen Übungsformate und -inhalte verschaffen können. Wenn die Eltern wissen, dass in einer „Werkstatt" nicht nur mit Hammer und Säge gebastelt wird, stehen sie der Öffnung des Unterrichts in der Regel erheblich aufgeschlossener gegenüber. Bei einer rechtzeitigen Bekanntgabe der verschiedenen Werkstattthemen für das kommende Schuljahr finden sich oft auch Eltern, die durch den Beruf Beiträge zum Thema leisten können.

Arbeitsweise, Einführung und Abschluss

Während einer Werkstatt wird es verschiedene Arbeitsphasen mit verschiedenen Sozialformen geben: Einzel-, Partner- oder Gruppenarbeiten zum Thema der Werkstatt. Nicht zu unterschätzen sind aber auch gemeinsame Phasen mit allen Kindern im Sitzkreis, in „Kinoreihen" vor der Tafel oder auch in Kleingruppen. Zur Einführung des Themas bietet sich immer ein Gespräch mit den Kindern im Sitzkreis an, in dem das Thema abgesteckt wird. Dies kann zum Beispiel mit einem Cluster oder Brainstorming geschehen.

Gerade am Anfang ist es sinnvoll, den Kindern nicht alle Aufgaben auf einmal zur Verfügung zu stellen. Für den Start sollten Aufgaben mit verschiedenem Schwierigkeitsgrad eingeführt sein, damit alle Kinder befriedigende Ergebnisse erbringen können.

Jede Gelegenheit, über das Thema zu sprechen, sollte genutzt werden:

– Einführung einer neuen Aufgabe.
– Zu Beginn der Werkstattarbeit kann gemeinsam besprochen werden, welche Aufgaben sich die Kinder für diesen Tag vorgenommen haben.
– In einer Reflexion am Ende des Tages kann über die geleistete Arbeit nachgedacht und ein besonderes Ergebnis entsprechend gewürdigt werden.

Es ist schön, wenn eine Werkstatt ganz zum Schluss mit einem kleinen besonderen Ereignis beendet werden kann. Zum Beispiel mit einem Abschlussfest, zu dem eine andere Schulklasse oder die Eltern eingeladen werden, einer Präsentation von Ergebnissen im Klassenverband oder einer feierlichen Übergabe der Werkstattbücher.

Aufbewahrung

Wie die Werkstatt aufbereitet und den Kindern angeboten wird, hängt vom Platzangebot in der Klasse ab. Eine relativ platzsparende Möglichkeit sind stapelbare Ablagekästen. 20 durchnummerierte Kästen enthalten die 20 Aufgaben der Werkstatt mit ihren jeweiligen Aufgabenkarten. Daneben sollten noch drei weitere Kästen die linierten und unlinierten Schmuckblätter sowie die kleinen Themenhefte (s. S. 60–62) enthalten.

Umgang mit den Arbeitsergebnissen

Auch hier bieten sich mehrere Möglichkeiten an, die verschiedene Vor- und Nachteile haben, letztlich aber vor allem eine Frage des persönlichen Geschmacks sind:

– eine Werkstattmappe, in der alle Arbeitsergebnisse abgeheftet werden. Für kleinere Ergebnisse, die nicht gelocht werden können, empfiehlt es sich, in jeder Mappe eine Klarsichthülle einzuheften,
– ein Hängeregister, in das die Arbeitsergebnisse gesteckt werden,
– eine gemeinsame Kiste, in welche die Kinder ihre mit Namen versehenen Arbeitsergebnisse legen; die Lehrerin sortiert und bewahrt die Ergebnisse dann bis zum Ende der Werkstatt auf.

In allen Fällen sollten die Arbeiten der Kinder zum Abschluss der Werkstatt entsprechend gewürdigt werden.

Organisatorische Hinweise zu dieser Werkstattreihe

Werkstattreihe mit 20 Themen
Die vorliegende Unterrichtseinheit gehört zu einer Reihe von 20 sachkundlich orientierten Werkstätten.

Aufbau
Jede der 20 Werkstätten aus dieser Reihe ist ähnlich aufgebaut und enthält ein übersichtliches Materialangebot, das es den Kindern in Ihrer Klasse erlaubt, sich selbstgesteuert mit dem Thema auseinander zu setzen. So finden sich die Kinder mit jeder durchgeführten Werkstatt besser mit den Materialien zurecht, können auf Erfahrungen zurückgreifen und werden immer selbstständiger damit arbeiten können. Die meisten Materialien sind als Kopiervorlagen angelegt, für Spiele oder Ähnliches sind im hinteren Teil jeder Werkstatt einige farbige Bögen dabei.

Auftragskarten
Die Auftragskarten sollten auf (farbigen) Karton kopiert werden und enthalten eine ausführliche Anleitung für die jeweilige Aufgabe bzw. das Arbeitsblatt. Der Textumfang wird für die meisten Kinder im 1. oder 2. Schuljahr zu schwierig sein. Sie sind auch eher für eine gemeinsame Besprechung im Sitzkreis gedacht, bei der die Lehrerin den Text vorliest und gemeinsam mit den Kindern bespricht. Wer Auftragskarten bevorzugt, die mit wenigen Symbolen auskommen, kann die leeren Kopiervorlagen benutzen, um Aufträge nach eigenen Bedürfnissen zu gestalten.

Unten auf der Karte wird das Helferkind (der „Chef") eingetragen, das für diese Aufgabe die Verantwortung übernimmt. Es hilft, wenn andere Kinder nicht mehr weiterkommen, achtet darauf, dass die Materialien in einem ordentlichen und vollständigen Zustand bleiben und kontrolliert das Ergebnis bei seinen Mitschülerinnen und Mitschülern. Gerade der letzte Punkt verlangt von der Lehrerin Zurückhaltung, bringt aber einen großen Gewinn im Bereich Verantwortungsbewusstsein.

Aufgaben und Arbeitsblätter
20 Aufgaben ermöglichen einen breit gefächerten Zugang zum Thema dieser Werkstatt. Die Auswahl der Aufgaben ist dabei immer möglichst fächerübergreifend angelegt, neben sachunterrichtlichen Aspekten finden sich auch Aufgaben aus den Bereichen Lesen, Schreiben, Rechnen, Wahrnehmung, Konzentration und Feinmotorik. Soweit es sich anbot, wurden Differenzierungsmöglichkeiten innerhalb eines Arbeitsblattes angelegt. Direkte Hinweise dazu finden Sie bei den „Erläuterungen zu den Arbeitsaufträgen" ab Seite 14.

Manche Aufgaben sind nur für Kinder geeignet, die schon lesen können, manche sind eher für Kinder gedacht, die noch große Schwierigkeiten mit dem Lesen haben. In der Regel sind die Kinder in der Lage, sich die Aufgaben herauszusuchen, die für sie richtig und wichtig sind. In manchen Fällen benötigen sie bei der Auswahl aber auch die Unterstützung der Lehrerin.

Dauer und Aufgabenmenge
Wie viele Aufgaben die Kinder in einem bestimmten Zeitraum bearbeiten können, ist sehr unterschiedlich und hängt in erster Linie von der Leistungsfähigkeit der Klasse und des einzelnen Kindes sowie vom zeitlichen Umfang der Werkstattarbeit ab. In der Regel sollten aber die meisten Kinder in der Lage sein, mindestens zwei Aufgaben pro Woche selbstständig zu erledigen. Bei der Dauer von drei bis vier Wochen einer Werkstatt sollte also jedes Kind ungefähr ein Drittel der Werkstattaufgaben oder mehr bearbeitet haben.

Schmuckblätter
Die Kopiervorlagen für linierte und unlinierte Schmuckblätter können bei verschiedenen Gelegenheiten eingesetzt werden. Kinder können sie nutzen, um Lösungen für Aufgaben zu notieren, zu denen es kein Arbeitsblatt gibt, oder wenn sie Bilder und Texte zum Werkstattthema anfertigen möchten.

Themenhefte
Dieses Blatt kann auf festeres, evtl. farbiges Papier (Kopierkarton) kopiert werden. Mit 2–3 leeren Blättern wird es dann zu einem kleinen Heft zusammengeheftet. Die Kinder können danach die Umrisslinie ausschneiden und erhalten ihr persönliches Themenheft zur Werkstatt, in das sie eigene Geschichten schreiben, Notizen machen oder worin sie Dinge sammeln können, die zum Thema gehören. Mit seinem praktischen Format passt das Themenheft in jede Hosentasche. So können die Kinder auch unterwegs, zu Hause und in ihrer Freizeit Beiträge zur Werkstatt sammeln.

Werkstattpass
Auf diesem Blatt malen die Kinder die Aufgaben an, die sie bereits erfolgreich bearbeitet haben. Es dient sowohl den Kindern als auch der Lehrerin als Übersicht. Falls gewünscht, können hier auch (individuelle) Pflichtaufgaben markiert werden. Ebenso kann mit den Aufgaben verfahren werden, für welche die Kinder als Helferkind eingesetzt wurden.

Lehrerkontrolle
Bei Bedarf können hier die Aufgaben notiert werden, welche die Kinder erledigt haben. Werden dabei Symbole (wie +, o, - etc.) verwendet, entsteht auf einfache Art ein Überblick, wie die Kinder mit der Werkstatt gearbeitet haben.

Inhaltliche Hinweise zur Werkstatt „Unsere Umwelt"

Schwerpunkt

Beim Thema Umwelt sollte den Kindern klar werden, dass wir es in der Regel mit Rohstoffen zu tun haben, die uns nicht unbegrenzt zur Verfügung stehen. Dies betrifft sowohl die Produktion von Waren, den Bereich der Energie als auch unseren Umgang mit der Natur. Die Kinder sollen erkennen, dass z. B. Abfallvermeidung, Abfalltrennung und Wiederverwertung unumgänglich sind. In Deutschland täuscht beispielsweise der grüne Punkt oft darüber hinweg, dass Verpackungen (vor allem aus Verbundmaterialien) nicht wirklich wiederverwertet werden können. Der Begriff der „thermischen Wiederverwertung" meint nichts anderes als Abfallverbrennung.

Abfalltrennung ist ein Sachgebiet, das für Kinder und leider auch für Erwachsene schwer zu verstehen ist und immer wieder Verwirrung stiftet. Was ist Papier? Was ist Plastik? Was kann wiederverwertet werden, was nicht? Bei möglichst vielen Gelegenheiten sollten die Kinder praktisch erleben und ausführen, welche Abfälle wie und warum sortiert werden müssen, damit sie wiederverwertet werden können.

Da Abfallentsorgung, Abfalltrennung, Recyclingsysteme etc. von Ort zu Ort sehr variieren können – sowohl zwischen Deutschland, der Schweiz und Österreich, als auch innerhalb dieser Länder – sind die Arbeitsangebote möglichst allgemein gehalten. Wo es nicht anders möglich war, sind die Arbeitsblätter so gestaltet, dass die Lehrerin eigene Anpassungen relativ leicht thematisieren oder vornehmen kann.

Lernziele

Die Kinder werden sich ihrer Verantwortung gegenüber ihrer Umwelt bewusst.

Die Kinder lernen, wie Abfall vermieden bzw. getrennt werden kann.

Die Kinder werden sensibilisiert, mit Ressourcen in ihrer Umwelt sorgfältig umzugehen.

Lehrplanbezüge

Folgende Bereiche des Faches Sachunterricht werden von verschiedenen Aufgaben der Werkstatt und durch den begleitenden gemeinsamen Unterricht angeschnitten:

- Natur und Leben
  - Gegenstände und Werkstoffe – Stoffe und ihre Umwandlung
    (Alltagsgegenstände aus verschiedenen Werkstoffen sammeln, vergleichen, nach Ordnungsgesichtspunkten zusammenstellen und ihre Eigenschaften untersuchen)
  - Wärme, Licht, Feuer – Wasser, Luft, Schall
    (Wasser und Licht als Lebensgrundlage für Menschen, Tiere und Pflanzen erfahren)
  - Natürliche und gestaltete Lebensräume
    (Achtung und Verantwortung gegenüber Tieren und Pflanzen entwickeln)
- Technik und Arbeitswelt
  - Berufe und Arbeitsstätten – Arbeit und Produktion
    (Berufe, Arbeitsplätze von Frauen und Männern erkunden; Arbeitsformen, Arbeitsteilung und Arbeitsverteilung kennenlernen)
- Raum und Umwelt
  - Umweltschutz zu Hause und in der Schule – Umweltschutz als gesellschaftliche Aufgabe
  - Abfall vermeiden und Abfall trennen
  - Die Bedeutung von Ressourcen (Wasser, Energie, Boden, Luft) und ihre Nutzung erkunden
  - Wege eines sparsamen Umgangs mit Ressourcen erproben und reflektieren
- Mensch und Gemeinschaft
  - Konsumverhalten und Ökologie

Inhaltliche Hinweise zur Werkstatt „Unsere Umwelt"

Vorschläge für den gemeinsamen Unterricht

- Ein Besuch auf einer Recyclingstation oder einer Abfallhalde sollte rechtzeitig geplant werden. Oft bieten die örtlichen Abfallentsorgungsbetriebe spezielle Führungen für Kinder an.
- Statt einer Aktion „Sauberer Schulhof" kann man als Alternative auch ein Waldstück oder einen Spielplatz auswählen. Mit Eimern, Zangen oder Einmal-Handschuhen wird das Gebiet gesäubert. Anschließend überlegen sich die Kinder, wie der gesammelte Abfall am besten entsorgt werden könnte. Unbedingt vorher mit den Kindern besprechen, dass bei spitzen Gegenständen, rostigem Metall, Glasscherben Vorsicht geboten ist. Auf einem Arbeitsblatt oder einem Plakat kann eine Liste der gesammelten Gegenstände zusammengestellt werden, s. Anhänge und Extras.
- Wie kann in der Klasse Abfall vermieden werden? Wie kann in der Klasse Abfall getrennt werden? Mit den Kindern gemeinsam überlegen, was jeder Einzelne tun kann. Wenn in der Klasse verschiedene Abfalleimer für die Abfalltrennung bereitstehen, muss gerade mit Schulanfängern sicherlich immer wieder überlegt werden: Was kommt in welchen Eimer? Was kann wiederverwertet werden? Dieses Thema lässt sich nicht durch eine Werkstatt erledigen, sondern muss immer wieder aufgegriffen werden.

Fächerübergreifende Vorschläge

- Musik

  Aus einer leeren Getränkedose eine Rassel herstellen. Dazu probieren die Kinder verschiedene Füllmaterialien aus, wie Sand, kleine Steinchen, Perlen. Auf die Deckelöffnung einen Verschluss kleben und die Dose mit Lackfarben bemalen oder mit buntem Papier bekleben.

- Kunst

  Bildbetrachtung „Merzbild mit Regenbogen" von Kurt Schwitters. Kurt Schwitters wurde durch seine Merzbilder berühmt. Der Name stammt von einem seiner ersten Bilder, dem sogenannten „Merzbild" aus dem Jahre 1919:
  „Ich nannte meine neue Gestaltung mit prinzipiell jedem Material MERZ. Das ist die zweite Silbe von Kommerz. Es entstand beim Merzbilde, einem Bilde, auf dem unter abstrakten Formen das Wort MERZ, aufgeklebt und ausgeschnitten aus einer Anzeige der KOMMERZ UND PRIVATBANK, zu lesen war. Dieses Wort MERZ war durch Abstimmen gegen die anderen Bildteile selbst Bildteil geworden, und so musste es dort stehen."
  (Kurt Schwitters, zitiert nach www.kurt-schwitters/org).

  Die Technik, verschiedenste Materialien zu einem Bild zusammenzukleben oder zu montieren, wird allgemein Collage oder Assemblage genannt. Beim „Merzbild mit Regenbogen" integrierte Schwitters verschiedene Fundstücke aus Holz in einen kastenartigen Rahmen und akzentuierte Hintergrund und teilweise auch die Fundstücke farblich.

  Zu vielen Kunstwerken bekommen Kinder einen leichteren Zugang, wenn sie selbst ein ähnliches Bild nachgestalten. Dabei bietet es sich an, in zwei Schritten zu arbeiten: Zunächst wird das Augenmerk der Kinder auf die Assemblage gelenkt. Was hat der Künstler in sein Bild integriert? Sehen die Fundstücke aus, als wären sie zufällig in den Rahmen gefallen oder hat der Künstler sie auf eine bestimmte Art arrangiert?

  Wenn man die Kinder nicht bereits zum Sammeln angehalten hat, sollten sie aufgefordert werden, bis zum nächsten Mal Fundstücke, nicht zwangsweise nur aus Holz, mitzubringen. Auch ein Bildrahmen, z.B. der Deckel eines Schuhkartons, wird in der nächsten Gestaltungsstunde benötigt.

  Zu Beginn der eigentlichen Arbeitsphase können die Kinder ihre Fundstücke vorstellen. Die verschiedenen Teile werden von den Kindern in ihren Rahmen angeordnet. Ist die endgültige Position gefunden, funktioniert das Fixieren am besten mit einer Heißklebepistole. Wenn die Kinder den Umgang nicht gewohnt sind, brauchen sie anfänglich die Hilfe eines Erwachsenen.

Inhaltliche Hinweise zur Werkstatt „Unsere Umwelt"

Der zweite Schritt ist die farbige Akzentuierung der Arbeit. Zunächst wird wieder das Merzbild von Kurt Schwitters betrachtet. Abgesehen vom kleinen Regenbogenrechteck hat Schwitters nur Blau und dezente Erdfarben benutzt. Auch die Kinder sollen sich auf eine Farbe konzentrieren, die evtl. mit Weiß gemischt werden kann. Acrylfarben oder einfache Abtönfarben aus dem Baumarkt eignen sich für diese Arbeit am besten.

Weitere Ideen für Kunstaktionen mit Abfall:
- Aus Abfallmaterialien ein Abfallmonster, Spielzeug, Fahrzeuge, Tiere basteln.
- Aus Altpapier Papier schöpfen: Eine Anleitung und viele tolle Ideen zu Arbeiten mit Papier finden sich im Werkbuch „Papier", s. Kinder- und Jugendbücher.
- Collagen kreieren.

Internet-Tipps

www.greenpeace4kids.de
Internetseite von Greenpeace mit Aktionen, Spielen, Infos.

www.bmu-kids.de
Internetseite des deutschen Bundesumweltministeriums mit Wissenswertem, Spielen.

www.umweltbundesamt.de/kinder/
Internetseite des Umweltbundesamtes mit Tipps, Spielen, Quiz.

www.abfallunterricht.ch
Internetseite von Praktischer Umweltschutz Schweiz Pusch zum Thema Abfall und Ressourcen in der Schule.

Kinder- und Jugendbücher

Erhard Dietl: Die Olchis sind da. Oetinger Verlag.
Von den Olchis gibt es eine Buchreihe.

Ute Michalski, Tilman Michalski: Das Ravensburger Werkbuch Papier.
Ravensburger Buchverlag.

Auftragsübersicht

Erläuterungen zu den Arbeitsaufträgen

Differenzierungsmöglichkeiten innerhalb einer Aufgabe werden mit ★ gekennzeichnet.

Abfallwörter 1

Auf dem Arbeitsblatt finden sich Wörter, die mit Abfall zu tun haben.
Im unteren Bereich finden sich verschiedene übliche Abfallsammelbehälter.
Zuerst schreiben die Kinder die passenden Begriffe zu den Bildern.

★ Kinder, die schon schreiberfahren sind, werden aufgefordert, den Artikel vor das jeweilige Wort zu setzen. Kinder im zweiten Lernjahr schreiben neben jedes Bild einen kleinen Satz.

In einem zweiten Schritt die Behälter und den dazugehörenden Abfall in der gleichen Farbe anmalen. Da die Abfalltrennungssysteme in vielen Gemeinden unterschiedlich sind, ist eine eindeutige Lösung bei diesem Arbeitsblatt nicht von vorneherein gegeben und sollte mit den Kindern besprochen werden.

Umwelt schonen – Abfall vermeiden 2

Besser als jede noch so perfekte Abfalltrennung ist es, Abfall zu vermeiden und die Umwelt zu schonen. Konkrete Alternativen, die in jeder Familie umsetzbar sind, stehen im Mittelpunkt dieser Aufgabe: Brotdose statt Alufolie oder andere Einmalverpackungen mitnehmen, Bus statt Auto fahren, Trinkflasche statt Trinkpäckchen oder Dose benützen, duschen statt baden und zum Einkaufen einen Korb, einen Beutel mitnehmen statt eine Plastiktüte zu kaufen. Wenn den Kindern noch mehr Möglichkeiten einfallen, um Abfall zu vermeiden und die Umwelt zu schonen, können sie dafür das leere Feld benützen.

★ Je nach Schreibfähigkeit notieren die Kinder nur den umweltschonenderen Begriff oder schreiben einen ausführlicheren Umwelttipp dazu.

Abfall-Sortierspiel 3

Bei diesem einfachen Würfelspiel versuchen die Kinder „ihren Abfall loszuwerden". Dazu müssen sie ihre „Abfallkarten" in die richtigen Behälter ablegen. Für eine bessere Haltbarkeit das Spielfeld auf dickeres Papier kopieren oder laminieren.
Vorbereitung: Die kopierten Spielkarten ausschneiden, evtl. von den Kindern bunt anmalen lassen. Wer nicht alle Spielkarten verwenden möchte, sortiert diese vor Spielbeginn aus.
Auf dem Spielfeld die freien Flächen bei den Abfallbehältern bis an die Umrandung in folgenden Farben anmalen: Papier/Pappe blau, Glas grün, Kompost braun, Verpackungen/Kehricht gelb, Sonderabfall/Restmüll rot.
Auf einen weißen Klebepunkt einen Pfeil zeichnen, fünf weiße Klebepunkte in den Abfallbehälter-Farben anmalen. Einen Holzwürfel mit diesen sechs Klebepunkten bekleben.
Spiel: Alle Karten werden verteilt. Jeder Spieler erhält gleich viele Karten. Die Spieler fächern ihre Karten auf und halten sie verdeckt zu den Mitspielern. Die Kinder würfeln reihum. Hat das Kind eine Abfallkarte, die der gewürfelten Farbe entspricht, darf es diese beim passenden Behälter ablegen. Wer den Pfeil würfelt, darf einem beliebigen Kind eine Abfallkarte geben. Gewonnen hat, wer zuerst keine Abfallkarten mehr besitzt.

© SCHU

Erläuterungen zu den Arbeitsaufträgen

Flaschenkreislauf 4

Neben dem Papierrecycling gehört die Altglaswiederverwertung zu den am meisten verbreiteten Recyclingmethoden. Das Arbeitsblatt veranschaulicht den Kreislauf des Glases. Die Kinder schneiden die Texte aus und ordnen sie den entsprechenden Stationen im Flaschenkreislauf zu.

★ Kinder, die noch nicht lesen können, lassen sich die Sätze von anderen Kindern vorlesen.

Papier 5

Für die Herstellung von Frischfaserpapier müssen Wälder abgeholzt werden. Da die meisten europäischen Industrienationen einen so hohen Papierverbrauch haben, dass ihre eigenen Holzvorkommen bei weitem nicht ausreichen, muss Holz importiert werden. Dieses stammt oft aus europäischen Urwäldern, z. B. Finnland und Russland. Die Umwelt wird bei der Herstellung von Frischfaserpapier nicht nur durch das Abholzen der Wälder belastet. Im Vergleich zur Herstellung von Recyclingpapier wird auch erheblich mehr Wasser verbraucht und damit verschmutztes Wasser produziert. Es wird mehr Energie benötigt und die Emissionen in Luft und Wasser sind erheblich größer. Auch wenn die schematische Darstellung auf dem Arbeitsblatt stark vereinfacht ist, die Verhältnisse zwischen den beiden Herstellungsprozessen sind realistisch. Dies sollte den Kindern klar gemacht werden.
In Gesprächen werden Vorschläge gesammelt, wo Kinder Einfluss haben, dass Recyclingpapier benutzt wird. In der Familie etwa beim Toiletten-, Haushalts- und Schreibpapier, für die Schule beim Kauf von Heften usw. Problematisch ist, dass es mittlerweile eine Fülle von „Umweltzeichen" gibt, die aber nicht alle die gleiche Qualität kennzeichnen. Einen aktuellen Vergleich findet man u. a. auf den genannten Internetseiten, S. 12.
Die Kinder vergleichen die Darstellungen und notieren passende Vergleiche auf die Schreiblinien.

Kompost 6

Sicherlich kann dieses Thema im Unterricht nur gestreift werden. Von Vorteil ist, wenn es an der Schule einen Garten mit Komposthaufen gibt oder einer mit der Klasse eingerichtet wird. Damit können die Kinder die Veränderungen eines Komposthaufens über einen längeren Zeitraum beobachten.
Die Kinder schreiben die Namen zu den Begriffen, suchen die Linie zum richtigen Sammelbehälter und malen Linien, die zum Kompost führen grün, jene zum Abfalleimer grau an.

Batterien entsorgen 7

Auf dem Weg von der Batterie zur Altbatterien-Sammelstelle sammeln die Kinder Wörter und Silben und setzen damit den richtigen Lösungssatz zusammen.
Lösung: Besser für die Umwelt sind Batterien, die man wieder aufladen kann.

© SCHUBI

Erläuterungen zu den Arbeitsaufträgen

Wohin mit dem Abfall? 8

Die Lesekarten werden so auf dem Tisch verteilt, dass die Bilder sichtbar sind. Das Kind beginnt mit der Titelkarte „Wohin mit dem Abfall?". Es liest den Text auf der Rückseite und sucht anschließend das passende Bild. So geht es weiter, bis das Kind das letzte Bild gefunden hat, auf dessen Rückseite „Ende" steht.
Varianten: Mehrere Kinder verteilen die Karten unter sich. Das Kind, das die Titelkarte hat, liest den Text auf der Rückseite vor. Weiter geht es mit dem Kind, welches das passende Bild zu diesem Text hat.

★ Als einfachere Variante gibt es die gleichen Karten mit jeweils einem Wort auf der Rückseite.

Lesen, malen und schreiben 9

Entsprechend dem Lesetext soll das Bild vervollständigt werden. Auf die Linien schreiben die Kinder entweder passende Wörter oder einen zum Bild passenden Text.

★ Bei diesem Arbeitsblatt gibt es zwei Schwierigkeitsgrade. Die einfachere Variante ist durch eine Feder gekennzeichnet, die schwierigere durch ein Gewicht. In beiden Fällen können die Kinder die Aufgabe aber nur bearbeiten, wenn sie schon lesen können.

Umwelt-Memospiel 10

Die Kinder suchen sich nach dem Spielen des Memospiels mindestens fünf Tipps aus, die sie sich notieren. Dazu malen sie die passenden Bilder.

Was sagst du dazu? 11

Hier soll Kindern nicht Zivilcourage aufgezwungen werden. Vielmehr sollen sie Argumente sammeln, wie man einem „Umweltsünder" begegnen könnte. Ob die Kinder im konkreten Fall tatsächlich jemanden auf sein Verhalten ansprechen würden, hängt sicherlich auch davon ab, wer die entdeckte Umweltsünde begangen hat.

Mein Umweltzeichen 12

Die Kinder gestalten ein eigenes Umweltzeichen. Das kann eine Erinnerung sein, das Licht auszuschalten. Das kann ein Aufkleber für den Abfalleimer sein, der zeigt, was hineingehört. Sicherlich ist es von Vorteil, wenn man mit den Kindern gemeinsam zusammenträgt, welche Materialien und Gegenstände in den Abfall kommen.

© SCHU

Erläuterungen zu den Arbeitsaufträgen

Rondell-Gedicht · 13

Zum Thema „Recycling" bietet sich die Gedichtform „Rondell" an. Sie besteht aus nur drei Sätzen, die nach einem festgelegten Muster wiederholt werden. Die erste, vierte und siebte Zeile ist gleich, die zweite und achte Zeile ist gleich, die dritte, fünfte und sechste Zeile ist gleich.
Die Kinder können sich ein Umweltthema wählen, was sicherlich ein anspruchsvolles Gebiet für ein Gedicht ist. Einfacher ist es, ein Lieblingsthema zu nehmen, mit dem das Kind mehr Erfahrung hat.

★ Eine einfache Variante für Kinder, die noch nicht in der Lage sind, ganze Sätze zu notieren, besteht darin, jeweils nur ein Wort zum Thema in eine Reihe zu schreiben und dieses nach dem gleichen Muster zu wiederholen.

Umweltzahlen · 14

① Zu den drei Bildinformationen erfinden die Kinder passende Rechnungen. Wie weit sie dabei gehen möchten (auch Zahlraumüberschreitungen) sollte ihnen überlassen sein.

★ Die Kinder können auch aufschreiben, was sie zu den Bildern denken. Wenn sie sinnvoll über die Zahlen nachdenken, ist das ein erster Schritt zur richtigen Rechnung.

② Zwei graphomotorische Übungen.

Wörter wiederverwerten · 15

Bei dieser Aufgabe versuchen die Kinder möglichst viele sinnvolle, zusammengesetzte Wörter aus dem Umweltbereich zu finden. Dabei müssen sie darauf achten, dass bei der Zusammenschreibung natürlich im Wort kein großer Buchstabe auftaucht.

Umweltgeschichten · 16

Die Erzählbilder aus verschiedenen Umweltbereichen sollen die Kinder anregen, Geschichten zu schreiben.

★ Wenn die Kinder noch nicht in der Lage sind, Geschichten komplett aufzuschreiben, sollten sie angeregt werden, eine Geschichte mündlich zu entwickeln und wichtige Wörter aus dieser Erzählung aufzuschreiben.

Vorbereitung: Die vier farbigen Vorlagen dienen als Anregung. Für eine bessere Haltbarkeit sollten sie in Klarsichthüllen aufbewahrt oder laminiert werden. Die verkleinerten Bildvorlagen in Schwarz-Weiß sind als Kopiervorlage gedacht, aus denen sich die Kinder ihr Bild ausschneiden und auf ein Geschichtenblatt aufkleben können.

Umwelt gestalten · 17

① Beim Vergleich der beiden Bilder erkennen die Kinder, auf welch unterschiedliche Art und Weise unsere Umwelt gestaltet werden kann. Die Vorlagen dienen als Anregung. Für eine bessere Haltbarkeit sollten sie in Klarsichthüllen aufbewahrt oder laminiert werden.

② Zwei Schwungübungen.

© SCHUBI

Erläuterungen zu den Arbeitsaufträgen

Ein Wort zu viel — 18

In jedem Satz steht ein Wort zu viel. Das überflüssige Wort suchen und durchstreichen.

Faltheft: Ich bin ein Energiesparfuchs — 19

In diesem Heft können die Kinder sich zu verschiedenen Umweltbereichen ihre persönlichen Tipps notieren.

Umwelttest — 20

Mit diesem Arbeitsblatt können die Kinder ihr Umweltwissen testen. Wegen des hohen Leseanteils sollte dieses Blatt evtl. mit der ganzen Klasse gemeinsam bearbeitet werden: Die Lehrerin liest die Sätze vor, die Kinder kreuzen die richtige Antwort an.

★ **Vorbereitung:** Wer diese Aufgabe als Werkstattangebot zur Verfügung stellt, kann die Texte für Kinder, die noch nicht gut lesen können, auf Kassette oder CD aufnehmen. Die Kinder können den Umwelttest dann einzeln bearbeiten.

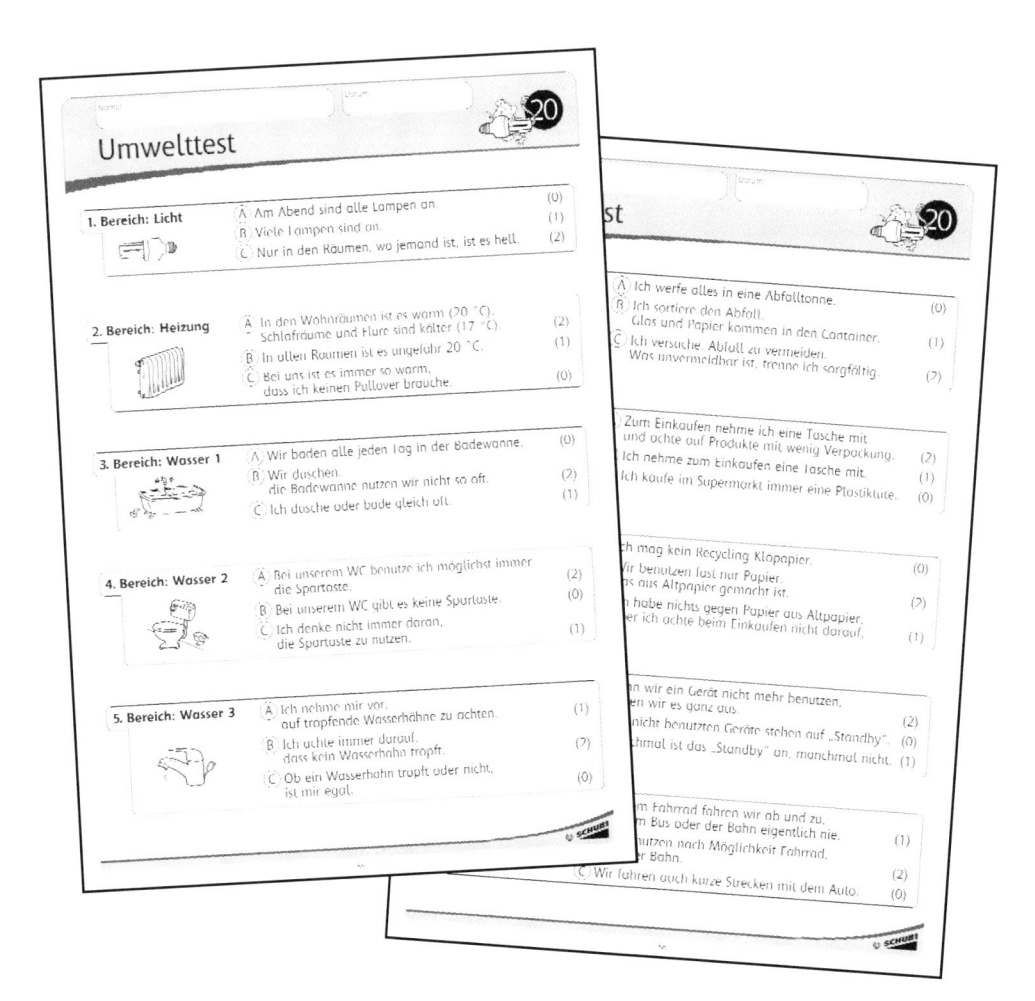

Auftragskarten

Abfallwörter 1

Abfall ist nicht gleich Abfall. Vieles kann wiederverwertet werden.
Aus Papier kann man neues Papier machen. Aus Glas kann man neues
Glas herstellen. Dazu müssen wir den Abfall sortieren.
Besprecht in der Klasse, welcher Abfall wohin gehört.
Schreibe die Begriffe neben den Abfall.
Schreibe auch die Namen zu den Sammelbehältern.
Male den Abfall und den passenden Behälter in der gleichen Farbe an.
Zeichne fehlende Behälter dazu.

? Helferkind: _____

© SCHUBI

Umwelt schonen – Abfall vermeiden 2

Wir brauchen unsere Umwelt zum Leben, deshalb sollten wir sie schonen.
Dazu gehört nicht nur, Abfall richtig zu sortieren.
Noch besser ist es, Abfall zu vermeiden.
Wähle bei den Paaren die Möglichkeit, welche dir hilft,
die Umwelt zu schonen.
Schreibe dazu, was du dabei wichtig findest.
Fällt dir noch mehr ein, wie du die Umwelt schonen kannst?
Male und schreibe dazu.

? Helferkind: _____

© SCHUBI

Abfall-Sortierspiel 3

Spiele mit anderen Kindern das Abfall-Sortierspiel:
– Verteilt die Abfallkarten an alle Kinder.
– Würfelt reihum.
– Wenn du eine Abfallkarte hast, die in den Behälter
  mit der gewürfelten Farbe passt, darfst du sie ablegen.
– Wenn du den Pfeil würfelst,
  darfst du einem anderen Kind eine Karte geben.

Sieger ist, wer keine Abfallkarten mehr hat.

? Helferkind: _____

© SCHUBI

Flaschenkreislauf 4

Alte Flaschen sind kein Abfall.
Wenn du sie in einen Altglas-Container wirfst,
können daraus wieder neue Flaschen gemacht werden.

Schneide die Texte aus und
klebe sie zu den richtigen Stationen im Flaschenkreislauf.

? Helferkind: _____

© SCHUBI

Papier 5

Papier wird aus Holz gemacht.
Dazu müssen Bäume gefällt werden.

Genauso gut kann man Papier aus altem Papier machen.
Das schont die Umwelt auch bei der Herstellung.

Vergleiche, was man braucht, um Recyclingpapier
oder Frischfaserpapier herzustellen.

? Helferkind: _____

© SCHUBI

Kompost 6

Wenn ihr einen eigenen Garten habt, kannst du viele Abfälle auf einen
Komposthaufen werfen. Aus diesen Abfällen werden im Laufe der Zeit
nützliche Düngemittel.
Wenn du den Linien folgst, entdeckst du, was alles auf einem
Komposthaufen landen darf.
Male die Linien zum Komposthaufen grün.
Male die anderen Linien grau.
Schreibe die Begriffe zu den Bildern.

? Helferkind: _____

© SCHUBI

Batterien entsorgen 7

Auch wenn Batterien leer sind,
enthalten sie immer noch viele Gifte,
die für die Umwelt sehr schädlich sind.
Deshalb gehören Batterien in besondere Sammelbehälter.

Bringe die Batterie durch das Labyrinth zum Sammelbehälter.
Schreibe die Silben und Wörter, die du dabei findest, in die Lösungskästchen.
So erhältst du einen wichtigen Batterie-Tipp.

? Helferkind: _____

Wohin mit dem Abfall? 8

Lege die Karten mit den Bildern nach oben auf den Tisch.

Fange mit der Karte „Wohin mit dem Abfall?" an.
Lies den Text auf der Rückseite und finde das passende Bild dazu.
Lies auch bei dieser Karte die Rückseite und suche das Bild.

So geht es weiter, bis du alle Karten in der richtigen Reihenfolge sortiert hast.

? Helferkind: _____

Lesen, malen und schreiben 9

Du kannst zwischen einem einfachen
und einem schwierigen Text wählen.

Lies den Text
und male das Bild fertig.

Schreibe etwas Passendes zum Bild.

? Helferkind: _____

Umwelt-Memospiel   10

Auf den Karten findest du viele Umwelt-Tipps.

Spiele mit anderen Kindern das Memospiel:

Die Karten werden mit den Bildern nach unten auf dem Tisch verteilt und gut gemischt.

Reihum dürft ihr zwei Karten umdrehen.

- Wenn du ein Paar gefunden hast, darfst du die beiden Karten behalten. Du bist noch einmal dran.
- Wenn du unterschiedliche Karten aufgedeckt hast, musst du die Karten wieder verdeckt zurücklegen. Das nächste Kind ist an der Reihe.

Wenn alle Paare gefunden sind, ist das Spiel zu Ende.

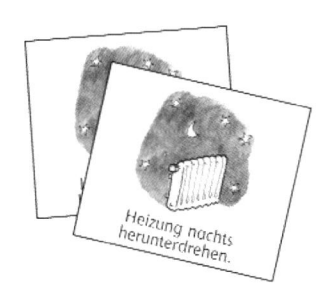

Suche dir mindestens 5 Tipps aus und schreibe sie ab.

Mache dir Notizen oder male passende Bilder dazu.

? Helferkind: _____

© SCHUBI

Was sagst du dazu?   11

Wie findest du es, wenn jemand Abfall einfach in die Natur wirft?

Wie findest du es, wenn ein Erwachsener seinen Abfall einfach im Freien auf den Boden kippt?

Was sagst du dazu?

Schreibe auf.

? Helferkind: _____

© SCHUBI

Mein Umweltzeichen

Viele Zeichen sollen uns zeigen,
dass etwas umweltfreundlich ist.

Andere wollen uns erinnern,
dass wir uns umweltfreundlich verhalten sollen.

Gestalte selbst ein Zeichen,
das uns an die Umwelt erinnern soll.

Energie-sparfuchs

? Helferkind: _____

Rondell-Gedicht

Beim Recycling bleiben die Rohstoffe in einem Kreislauf erhalten.
Sie werden wiederverwertet und nicht verschwendet.

Bei einem Rondell werden Sätze wiederverwertet:

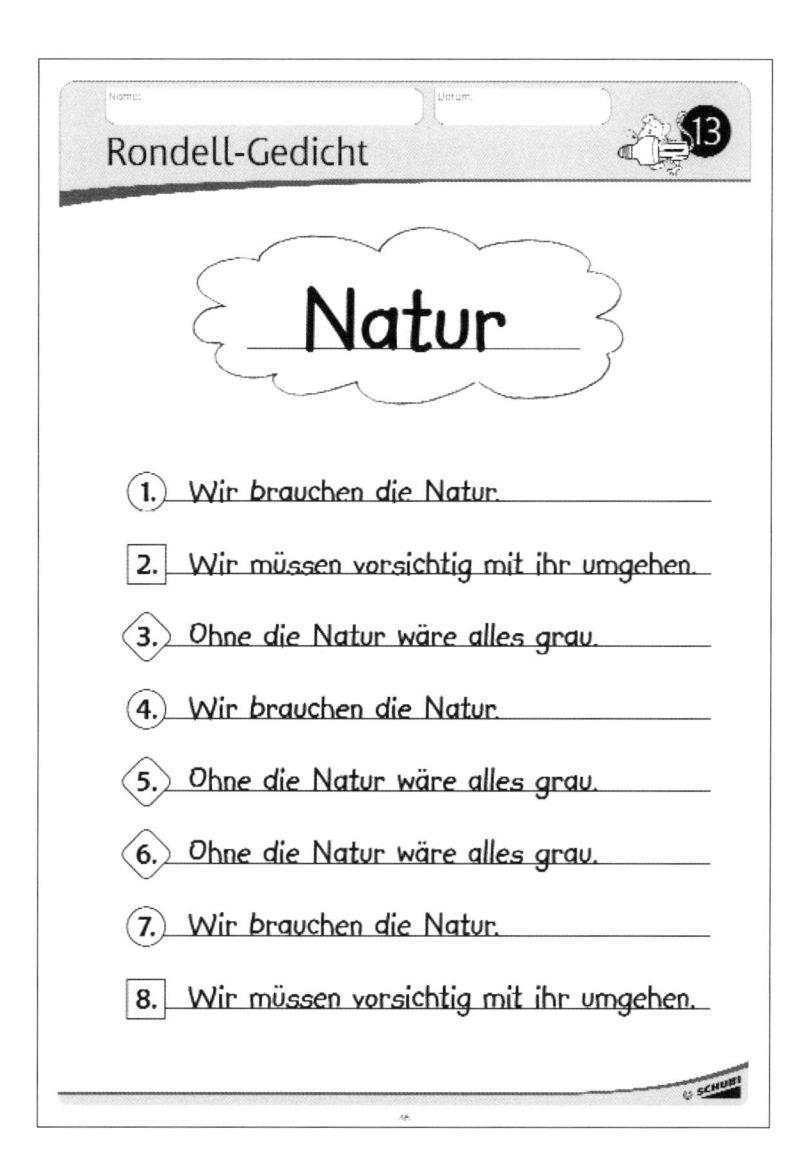

Rondell-Gedicht

Natur

1. Wir brauchen die Natur.
2. Wir müssen vorsichtig mit ihr umgehen.
3. Ohne die Natur wäre alles grau.
4. Wir brauchen die Natur.
5. Ohne die Natur wäre alles grau.
6. Ohne die Natur wäre alles grau.
7. Wir brauchen die Natur.
8. Wir müssen vorsichtig mit ihr umgehen.

Sieh dir das Gedicht genau an.
Aus wie vielen verschiedenen Sätzen besteht es?
Wie werden die Sätze wiederverwertet?

Schreibe selbst ein Rondell.
Überlege dir zuerst ein Thema und schreibe es in die Wolke.
Suche dir dann drei wichtige Sätze zu diesem Thema
und wiederhole sie nach dem angegebenen Muster.
Die Rahmen um die Zahlen helfen dir dabei.

? Helferkind: _____

© SCHUBI

Umweltzahlen 14

① Erfinde zu den drei Bildinformationen passende Rechnungen.

Schreibe jeweils einen Abschlusssatz dazu.

② Übe die Tropfen und die 8 sauber zu schreiben.

? Helferkind: _____

© SCHUBI

Wörter wiederverwerten 15

Die aufgeschriebenen Wörter kannst du wiederverwerten:
Setze immer zwei Wörter zusammen.
Versuche möglichst viele sinnvolle Wörter zusammenzusetzen.

Beispiel: Umwelt + Sünder = Umweltsünder

Wer findet die meisten zusammengesetzten Wörter?

? Helferkind: _____

© SCHUBI

Umweltgeschichten 16

Suche dir ein Erzählbild aus.

Schreibe eine Geschichte dazu.

Wenn du noch nicht so viel schreiben kannst,
dann denke dir eine Geschichte aus, schreibe
wichtige Wörter aus deiner Geschichte auf und
erzähle deine Geschichte den anderen im Sitzkreis.

? Helferkind: _____

© SCHUBI

Umwelt gestalten   17

① Vergleiche die beiden Bilder.
Es ist dieselbe Stelle – trotzdem gibt es viele Unterschiede.
Beschreibe die Unterschiede.

vorher   nachher

Welches Bild gefällt dir besser?
Male es bunt an.

② „Fliege" mit bunten Stiften wie der Papierflieger in die Papiertonne.
„Hüpfe" wie der Grashüpfer zum Löwenzahn.

❓ Helferkind: _____

© SCHUBI

Ein Wort zu viel   18

Lies die Sätze zum Thema „Umwelt".

In jedem Satz ist ein Wort zu viel.
Streiche es durch.

❓ Helferkind: _____

© SCHUBI

Faltheft: Ich bin ein Energiesparfuchs   19

① Lege das Blatt quer mit der Schrift nach unten.
Falte es einmal von unten nach oben.
Klappe es wieder auf.

② Drehe das Blatt um 90 Grad.
Falte es einmal von unten nach oben.

③ Dreh das Blatt mit der Schrift nach oben.
Falte das Blatt von unten bis zur Knickfalte.
Klappe es wieder auf.
Falte das Blatt von oben bis zur Knickfalte.
Klappe es wieder auf.

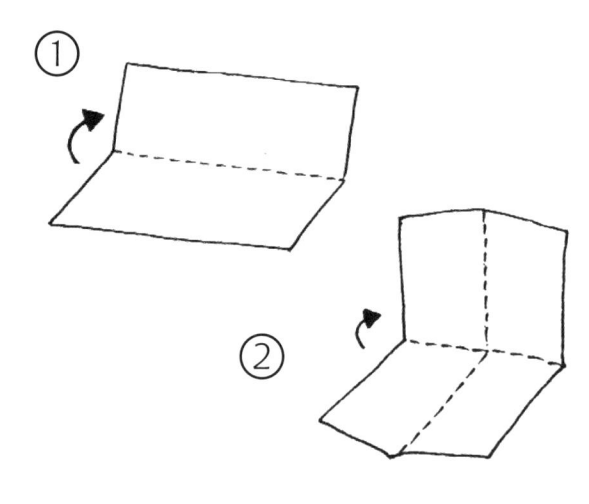

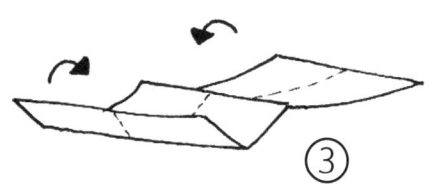

④ Schneide mit der Schere die Mittellinie von der Knickfalte bis zu Hälfte wie auf der Zeichnung ein.

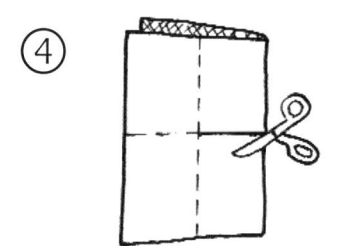

⑤ Falte das Blatt wieder auf.
Fasse es links und rechts wie auf der Zeichnung und schiebe die Seiten in die Mitte.

⑥ In diesem Heft kannst du dir deine Umwelttipps notieren.

Schreibe zu jedem Bild ein passendes Stichwort oder einen kurzen Satz.

Schreibe auf die letzte Seite deinen besonderen Umwelttipp.

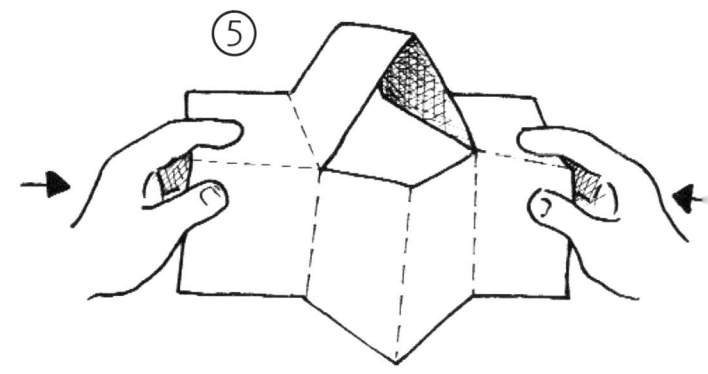

? Helferkind: _____

© SCHUBI

Umwelttest

Bist du ein Umweltprofi?

Mache den Test.
Kreuze dabei immer den Satz an, der zu dir am besten passt.

Am Schluss zählst du alle Punkte zusammen,
die hinter den angekreuzten Sätzen stehen.

Wie viele Punkte hast du? Lies die Bewertung:

0 bis 7 Punkte

Du bist ein Umweltmuffel. Wahrscheinlich merkst du selbst, dass du viel mehr für die Umwelt tun kannst, oder?

8 bis 14 Punkte

Du bist auf dem besten Weg, ein guter Umweltschützer zu werden.

15 bis 20 Punkte

Herzlichen Glückwunsch! Du bist wirklich schon ein Umweltprofi.

Helferkind: _____

© SCHUBI

? Helferkind:

? Helferkind:

? Helferkind: _____

? Helferkind: _____

Helferkind:

Arbeitsblätter

| Name: | Datum: |

Abfallwörter

Umwelt schonen – Abfall vermeiden

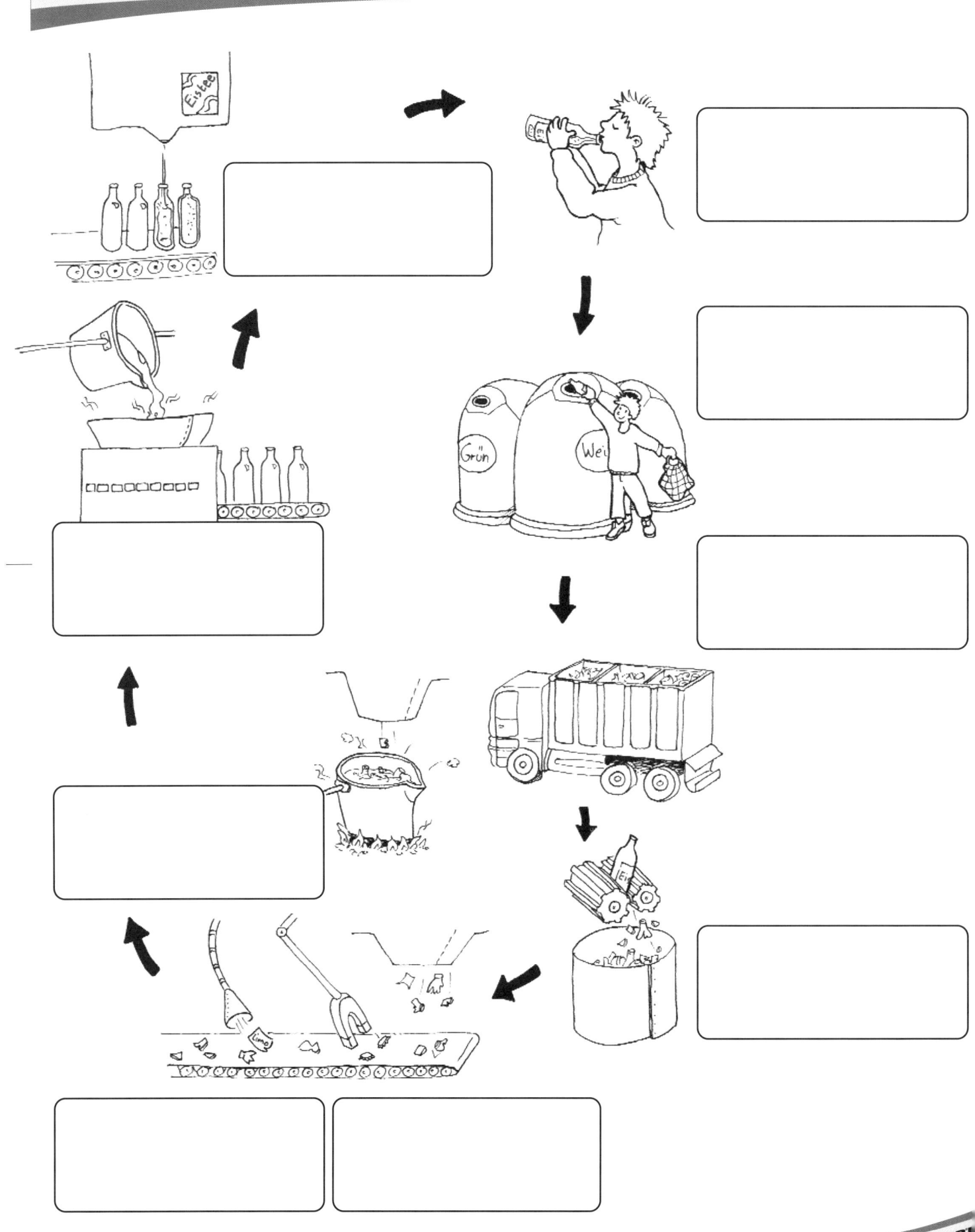

Flaschenkreislauf

Flaschenkreislauf
Textkarten zum Ausschneiden

Ein Sauger zieht das Papier aus dem zerkleinerten Altglas.	Die leeren Flaschen werden in Glas-Containern gesammelt.	Das Altglas wird zerkleinert.
Die Flaschen werden leer getrunken.	Die Flaschen werden wieder gefüllt.	Eine Maschine formt neue Flaschen.
Das Glas wird erhitzt und geschmolzen.	Magnete sortieren Metall aus dem Glas.	Ein Lastwagen bringt das Altglas zur Fabrik.

Ein Sauger zieht das Papier aus dem zerkleinerten Altglas.	Die leeren Flaschen werden in Glas-Containern gesammelt.	Das Altglas wird zerkleinert.
Die Flaschen werden leer getrunken.	Die Flaschen werden wieder gefüllt.	Eine Maschine formt neue Flaschen.
Das Glas wird erhitzt und geschmolzen.	Magnete sortieren Metall aus dem Glas.	Ein Lastwagen bringt das Altglas zur Fabrik.

Ein Sauger zieht das Papier aus dem zerkleinerten Altglas.	Die leeren Flaschen werden in Glas-Containern gesammelt.	Das Altglas wird zerkleinert.
Die Flaschen werden leer getrunken.	Die Flaschen werden wieder gefüllt.	Eine Maschine formt neue Flaschen.
Das Glas wird erhitzt und geschmolzen.	Magnete sortieren Metall aus dem Glas.	Ein Lastwagen bringt das Altglas zur Fabrik.

© SCHUBI

Name:	Datum:

Papier

Recyclingpapier	Frischfaserpapier
Holz	Holz
Wasser	Wasser
Energie	Energie
Verschmutzung	Verschmutzung

_____

_____

_____

_____

Name: Datum:

Kompost

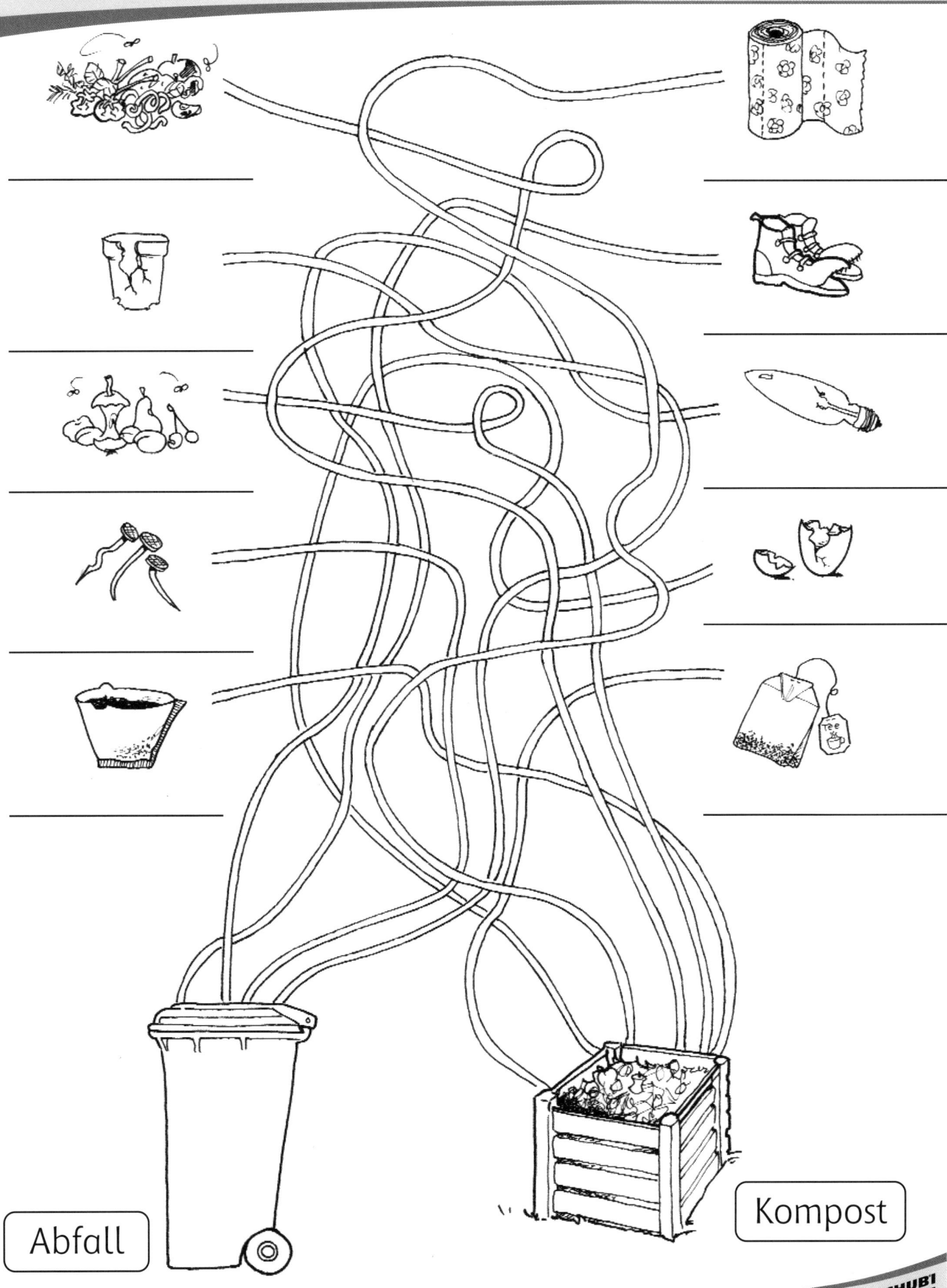

Abfall Kompost

Batterien entsorgen

| Name: | Datum: |

Lesen, malen und schreiben

Der Himmel ist blau.

Der Wagen ist gelb.

Die Säcke sind grau.

Der Abfall ist bunt.

Die Jacke

des Mannes

ist orange.

Lesen, malen und schreiben

Der Abfallwagen ist orange,
nur das Band an der Seite
ist rot und weiß gestreift.
Die Reifen sind dunkelgrau.
Der Abfall im Wagen ist bunt gemischt.

Die Abfallsäcke sind grau
und mit einem roten Band zugebunden.

Der Mann hat eine orange-weiße Weste an.

Auch seine Hose ist orange.
Er hat blonde Haare.

Die Container für Altglas
sind grün, braun und weiß.
Der für Altpapier ist oben blau.

Lesen, malen und schreiben

Der Abfallwagen ist orange,
nur das Band an der Seite
ist rot und weiss gestreift.
Die Reifen sind dunkelgrau.
Der Abfall im Wagen ist bunt gemischt.

Die Abfallsäcke sind grau
und mit einem roten Band zugebunden.

Der Mann hat eine orange-weisse Weste an.

Auch seine Hose ist orange.
Er hat blonde Haare.

Die Container für Altglas
sind grün, braun und weiss.
Der für Altpapier ist oben blau.

Name: Datum:

Was sagst du dazu?

11

Name:

Datum:

Mein Umweltzeichen

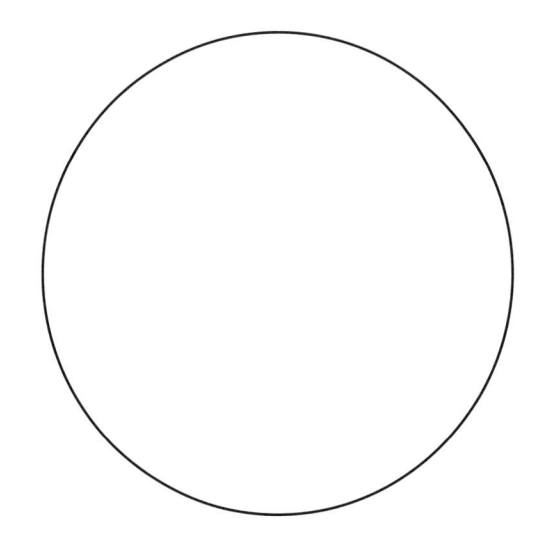

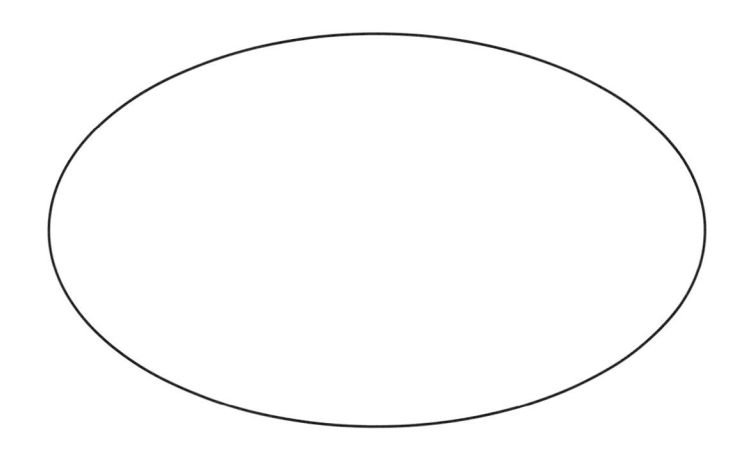

12

| Name: | Datum: |

Rondell-Gedicht

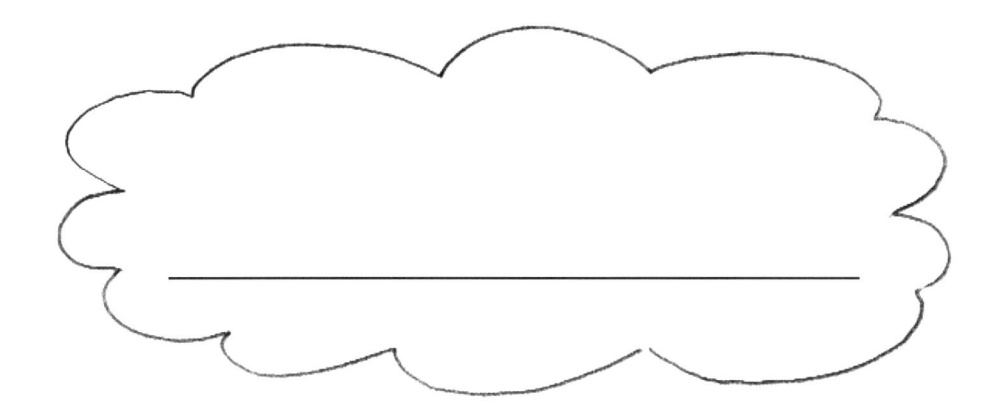

_____

1. _____

2. _____

3. _____

4. _____

5. _____

6. _____

7. _____

8. _____

Umweltzahlen

1

Duschen: 7 Eimer Wasser
Baden: 14 Eimer Wasser

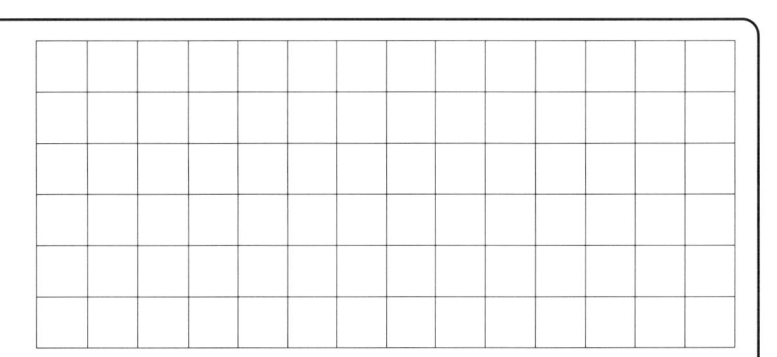

Tropfender Wasserhahn:
2 Eimer Wasser am Tag

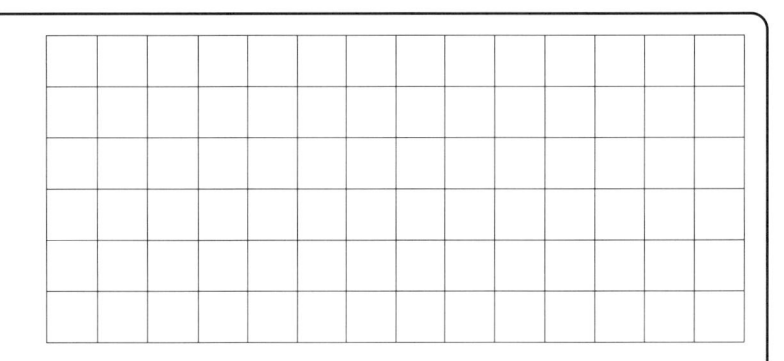

Auto: 5 Personen
Bus: 50 Personen

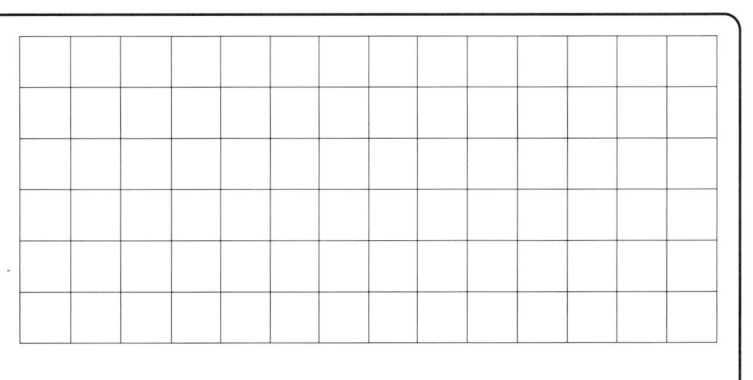

2

| Name: | Datum: |

Wörter wiederverwerten

15

Umwelt

Energie

Strom

Abfall

Wasser

Verschmutzung

Trennung

Tipps   Fresser

Sünder

Verschwendung

Umweltsünder, _____

_____

_____

_____

_____

_____

_____

Umweltgeschichten
Bilder zum Ausschneiden

16

Erzählbild 1

Erzählbild 2

Erzählbild 3

Erzählbild 4

Umwelt gestalten

① vorher　　　　　　　　　nachher

②

Umwelt gestalten
Dieselbe Stelle – **vorher**

Umwelt gestalten
Dieselbe Stelle – **nachher**

Ein Wort zu viel

Ich bin sind ein Umweltprofi.

Abfall gehört viele nicht in die Natur.

Glas und Papier kann man nein wiederverwerten.

Zum Einkaufen nehme ich eine Tasche kaputt mit.

Getränke kaufe ich dick nicht in Dosen, sondern in Pfandflaschen.

Ich mache das oder Licht aus, wenn ich aus dem Zimmer gehe.

Fahrrad fahren ist gut für die Umwelt wollen.

Batterien durstig gehören in besondere Sammelbehälter.

Mit Strom gehe wir ich sparsam um.

Ich bin ein Energiesparfuchs

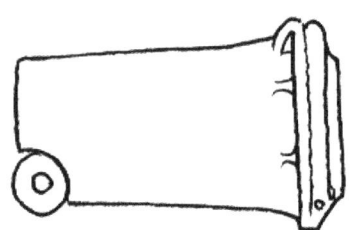

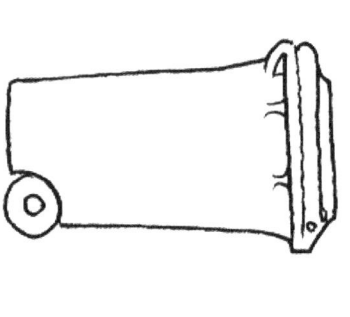

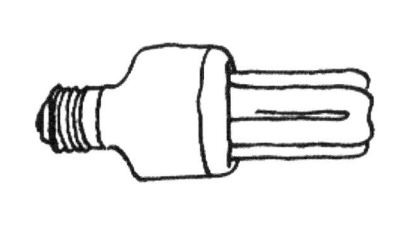

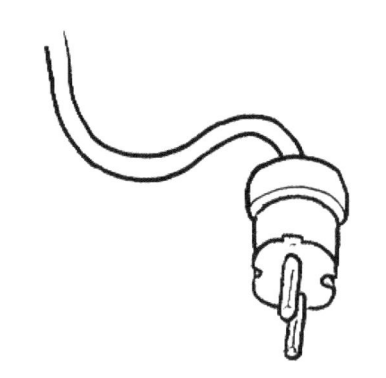

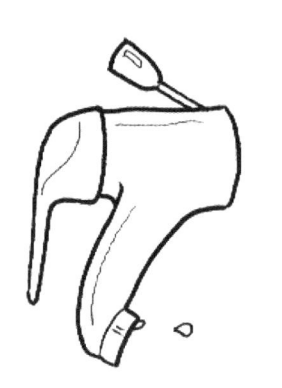

Mein besonderer Tipp:

Umwelttest

1. Bereich: Licht 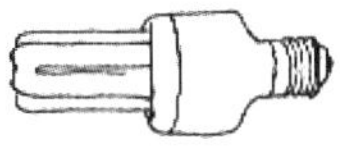
- (A) Am Abend sind alle Lampen an. (0)
- (B) Viele Lampen sind an. (1)
- (C) Nur in den Räumen, wo jemand ist, ist es hell. (2)

2. Bereich: Heizung 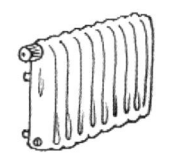
- (A) In den Wohnräumen ist es warm (20 °C), Schlafräume und Flure sind kälter (17 °C). (2)
- (B) In allen Räumen ist es ungefähr 20 °C. (1)
- (C) Bei uns ist es immer so warm, dass ich keinen Pullover brauche. (0)

3. Bereich: Wasser 1 
- (A) Wir baden alle jeden Tag in der Badewanne. (0)
- (B) Wir duschen, die Badewanne nutzen wir nicht so oft. (2)
- (C) Ich dusche oder bade gleich oft. (1)

4. Bereich: Wasser 2 
- (A) Bei unserem WC benutze ich möglichst immer die Spartaste. (2)
- (B) Bei unserem WC gibt es keine Spartaste. (0)
- (C) Ich denke nicht immer daran, die Spartaste zu nutzen. (1)

5. Bereich: Wasser 3 
- (A) Ich nehme mir vor, auf tropfende Wasserhähne zu achten. (1)
- (B) Ich achte immer darauf, dass kein Wasserhahn tropft. (2)
- (C) Ob ein Wasserhahn tropft oder nicht, ist mir egal. (0)

Umwelttest

6. Bereich: Abfall 
- (A) Ich werfe alles in eine Abfalltonne. (0)
- (B) Ich sortiere den Abfall, Glas und Papier kommen in den Container. (1)
- (C) Ich versuche, Abfall zu vermeiden. Was unvermeidbar ist, trenne ich sorgfältig. (2)

7. Bereich: Einkaufen 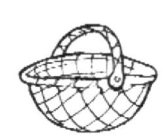
- (A) Zum Einkaufen nehme ich eine Tasche mit und achte auf Produkte mit wenig Verpackung. (2)
- (B) Ich nehme zum Einkaufen eine Tasche mit. (1)
- (C) Ich kaufe im Supermarkt immer eine Plastiktüte. (0)

8. Bereich: Papier 
- (A) Ich mag kein Recycling-Toilettenpapier. (0)
- (B) Wir benutzen fast nur Papier, das aus Altpapier gemacht ist. (2)
- (C) Ich habe nichts gegen Papier aus Altpapier, aber ich achte beim Einkaufen nicht darauf. (1)

9. Bereich: Technik 
- (A) Wenn wir ein Gerät nicht mehr benutzen, stellen wir es ganz aus. (2)
- (B) Alle nicht benutzten Geräte stehen auf „Standby". (0)
- (C) Manchmal ist das „Standby" an, manchmal nicht. (1)

10. Bereich: Verkehr 
- (A) Mit dem Fahrrad fahren wir ab und zu, mit dem Bus oder der Bahn eigentlich nie. (1)
- (B) Wir benutzen nach Möglichkeit Fahrrad, Bus oder Bahn. (2)
- (C) Wir fahren auch kurze Strecken mit dem Auto. (0)

Kontrolle und Zusätze

Erste Umwelt

Name	
1	Abfallwörter
2	Umwelt schonen – Abfall vermeiden
3	Abfall-Sortierspiel
4	Flaschenkreislauf
5	Papier
6	Kompost
7	Batterien entsorgen
8	Lesekarten: Wohin mit dem Abfall?
9	Lesen, malen und schreiben
10	Umwelt-Memospiel
11	Was sagst du dazu?
12	Mein Umweltzeichen
13	Rondell-Gedicht
14	Umweltzahlen
15	Wörter wiederverwerten
16	Umweltgeschichten
17	Umwelt gestalten
18	Ein Wort zu viel
19	Faltheft: Energiesparfuchs
20	Umwelttest

Werkstattpass

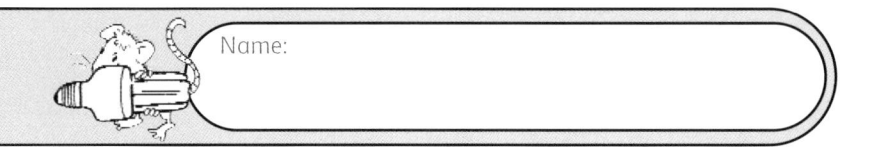

Name:

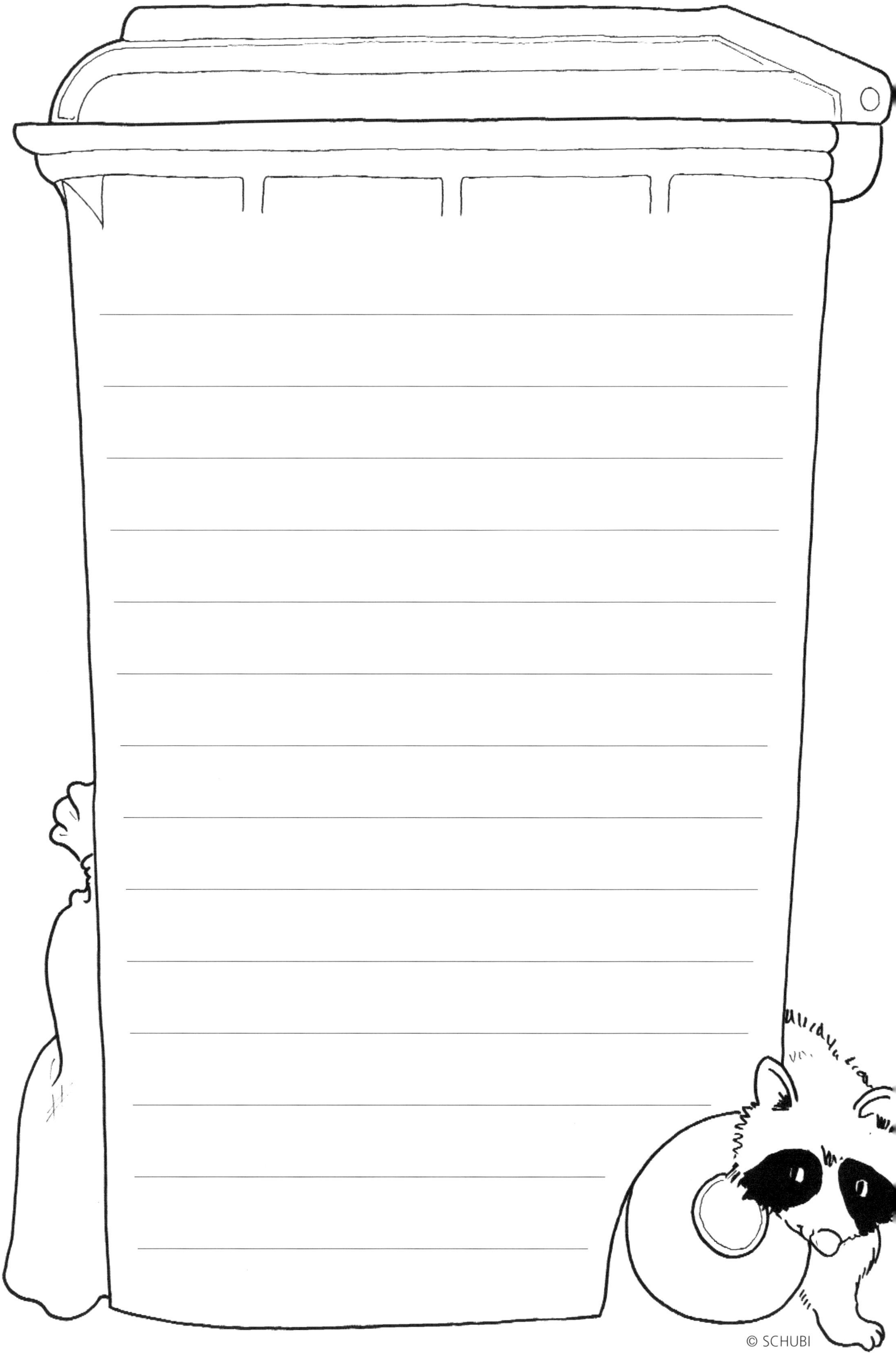

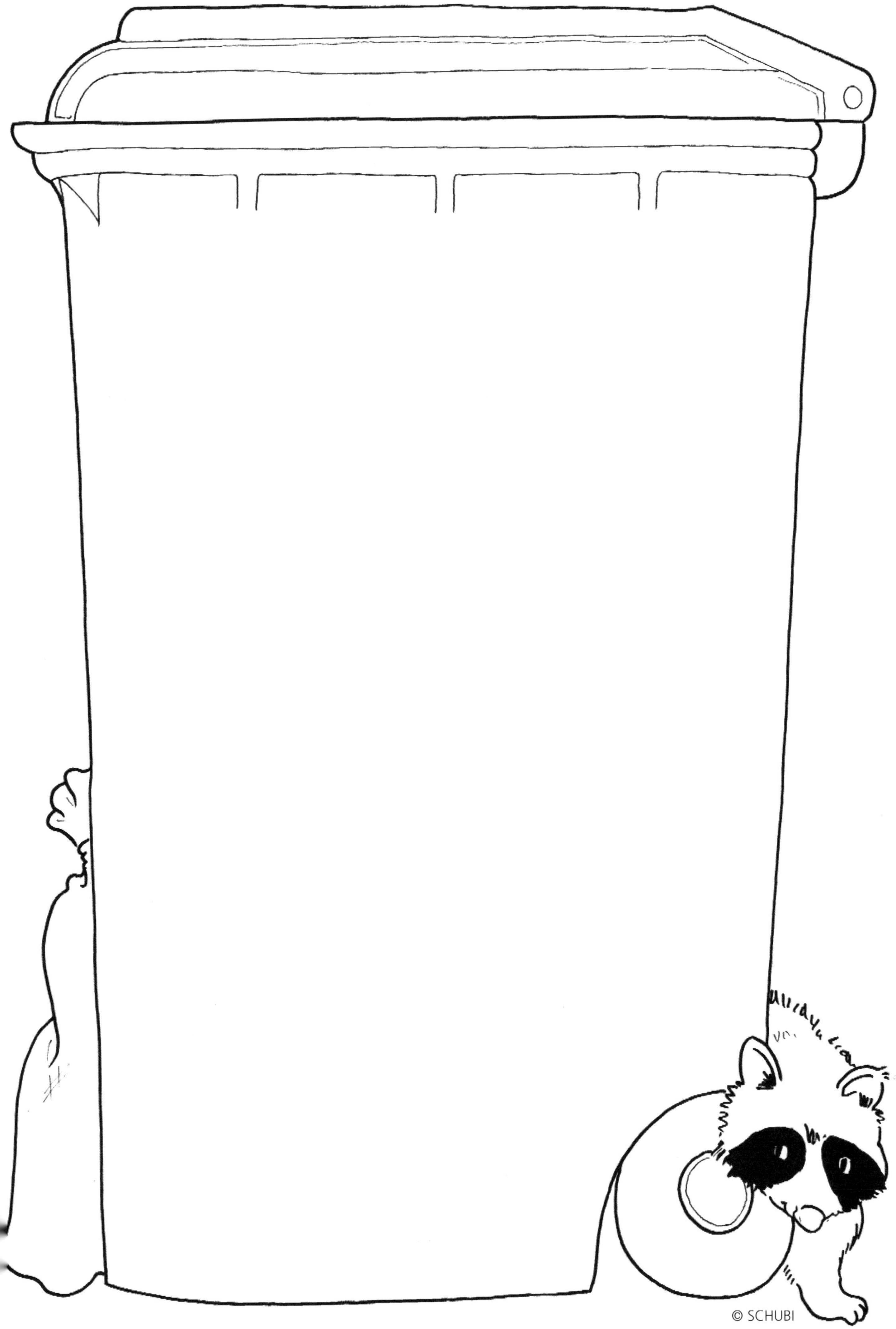

62

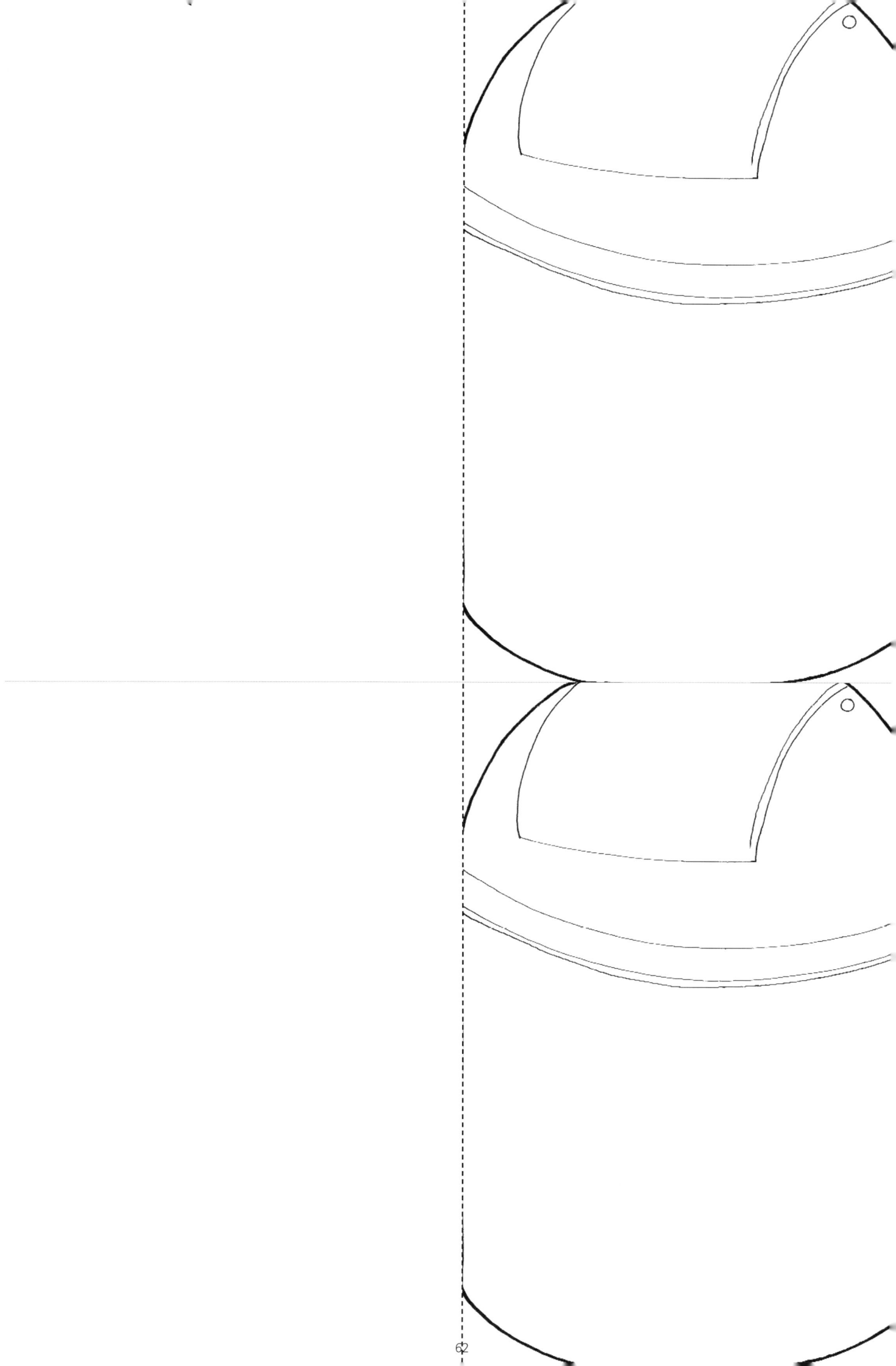

Anhänge und Extras

Aktion „Saubere Umwelt"

Verpackungen	Wir fanden _____
Altpapier	
Kompost	
Altglas	
Restmüll	
Sondermüll	

Aktion „Saubere Umwelt"

Kehricht	Wir fanden
Altpapier	
Kompost	
Altglas	
Batterie-Box	
Sonderabfall	

Abfall-Sortierspiel

Papier und Pappe

Altglas

Verpackungen

Sondermüll und Restmüll

Kompost

Abfall-Sortierspiel

Papier

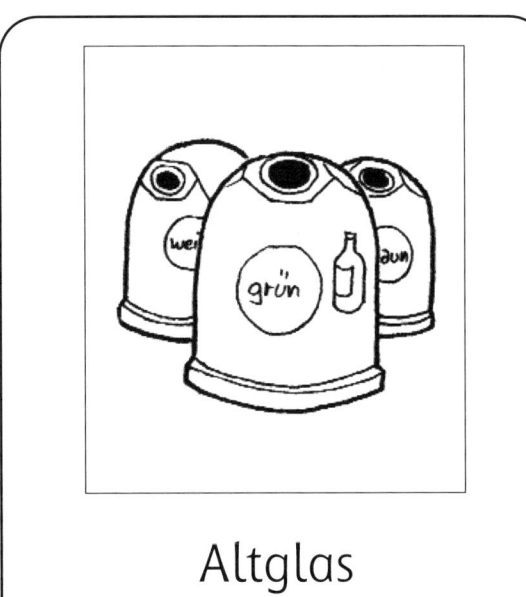

Altglas

Kehricht

Sonderabfall

Kompost

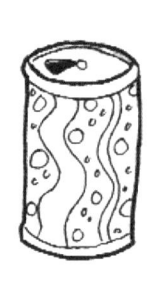

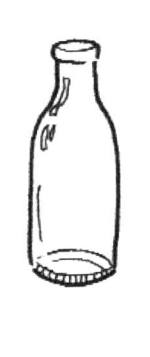

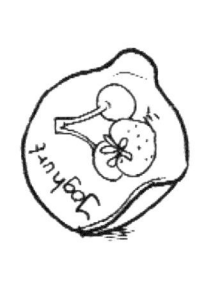

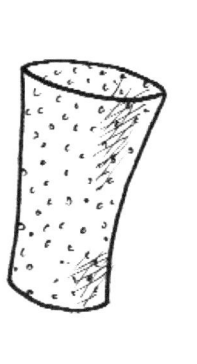

Abfall-Sortierspiel: Spielkarten zum Ausschneiden ③

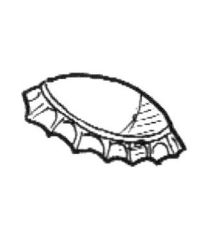

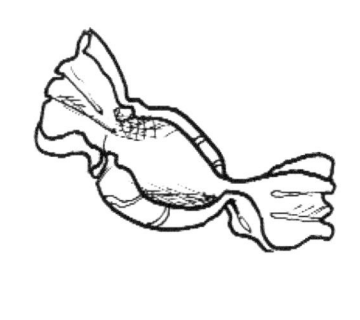

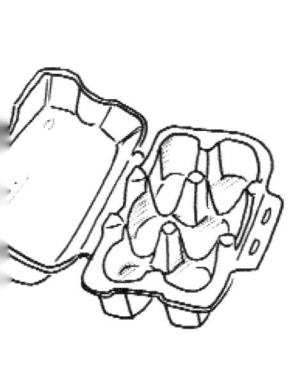

Abfall-Sortierspiel: Spielkarten zum Ausschneiden

Umweltgeschichte 1

Umweltgeschichte 2

Umweltgeschichte 3

Umweltgeschichte 4

Wohin mit dem Abfall?

Altglas	Kompost
Recycling	Altpapier
Altkleider	Batterien
	Abfall vermeiden

Wohin mit dem Abfall?

Alte Flaschen werden
in Altglas-Containern
gesammelt.
Aus ihnen entstehen
wieder neue Flaschen.

Obstreste gehören
auf den Kompost,
damit daraus
Dünger wird.

PET-Flaschen und
Alu-Dosen können
wiederverwertet werden.

Aus Altpapier
kann man wieder
neues Papier herstellen.
Das schützt die Wälder
der Erde.

Altkleider werden oft
für einen guten Zweck
gesammelt.

Batterien enthalten Gift.
Sie gehören in den
Batterien-Sammelbehälter.

Noch besser als Abfall
richtig zu trennen,
ist Abfall zu vermeiden.

Bus oder Bahn statt Auto.	Geräte abschalten statt „Standby".	Spartaste benutzen.
Waschmaschine nur voll anschalten.	Kühlschrank nur kurz öffnen.	Sparlampe spart Strom und hält länger.
Energie sparen – Umwelt schonen.	Heizung nachts herunterdrehen.	Solartaschenrechner brauchen keine Batterien.
Kurz und gründlich lüften.	Fahrräder halten die Luft sauber.	Licht ausschalten beim Hinausgehen.
Duschen statt baden.	Warm anziehen – weniger heizen.	Strom sparen spart Geld.

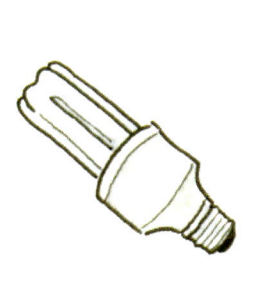

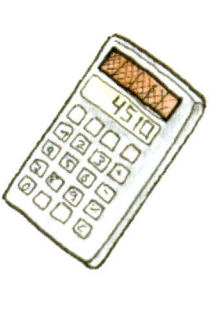

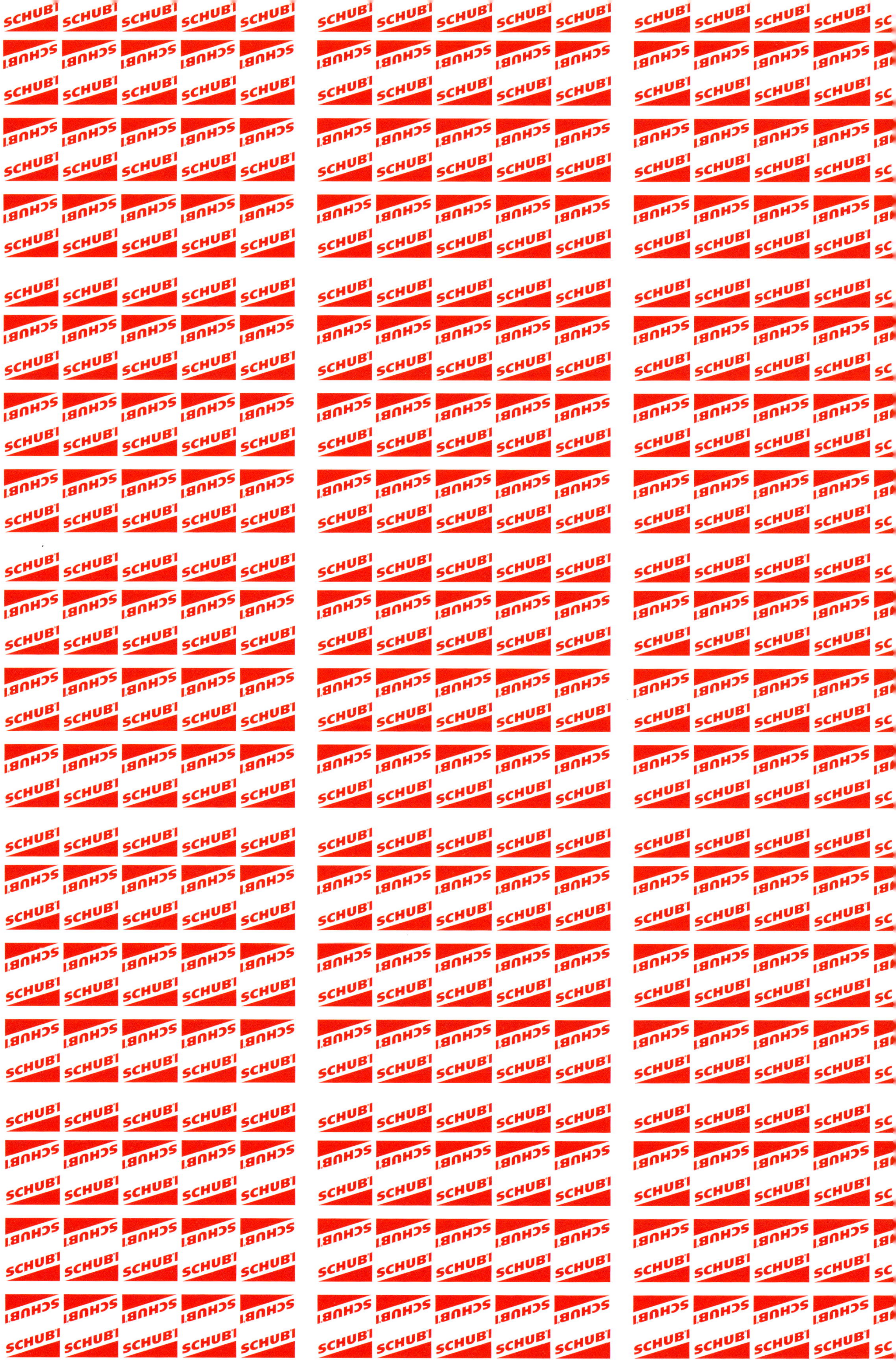